A1

On y va !

Le bouquet de Joséphine
Lecture

Nicole Laudut
Catherine Patte-Möllmann

Hueber

Zeichnungen (einschließlich Coverabbildung): © Bettina Kumpe, Braunschweig
Fotos: Seite 9: © Catherine Patte-Möllmann, Toulouse
Seite 42: © iStockphoto/gvictoria
Seite 48: © Thinkstock/iStockphoto
Seite 49: oben © iStockphoto/Amorphis; unten © Nicole Laudut, Freiburg

5. 4. 3. | Die letzten Ziffern
2026 25 24 23 22 | bezeichnen Zahl und Jahr des Druckes.
Alle Drucke dieser Auflage können, da unverändert, nebeneinander benutzt werden.
1. Auflage

Redaktion: Dr. Elke Haag, Katrin Dorhmi, Hueber Verlag GmbH & Co. KG, Ismaning
Umschlaggestaltung: Sieveking · Agentur für Kommunikation, München
Layout und Satz: Sieveking · Agentur für Kommunikation, München
Druck und Bindung: Friedrich Pustet GmbH & Co. KG, Regensburg
Printed in Germany
ISBN 978–3–19–193325–8

Art. 530_08949_001_03

Liebe Leserin, lieber Leser,

Sie lernen seit einigen Monaten Französisch und möchten jetzt endlich eine „richtige" Geschichte auf Französisch lesen? Eine Geschichte, die sprachlich nicht so schwierig ist, aber trotzdem spannend und unterhaltsam?

Joséphine ist stolze Mutter von drei erwachsenen Töchtern, drei sehr unterschiedlichen „Originalen", für die Joséphine (fast) alles täte, bis …
Aber lesen Sie selbst. ☺

Die Geschichte folgt in ihrem Aufbau den Themen der einzelnen Lektionen des Lehrwerks ***On y va ! A1***: Die meisten Situationen, Strukturen und der Wortschatz werden Ihnen also vertraut sein.

Aber auch, wenn Sie mit einem anderen Lehrwerk arbeiten, wird Ihnen das Verständnis des Textes sicher nicht schwerfallen. Unbekannte Wörter sind jeweils am Fuß der Seite angegeben.

Am Ende jedes Kapitels haben Sie die Möglichkeit, Ihr Textverständnis zu überprüfen und wichtige Vokabeln und Strukturen zu wiederholen und aktiv anzuwenden.

Damit Sie auch selbstständig mit der Lektüre arbeiten können, finden Sie im Anhang einen Lösungsschlüssel.

Aber vielleicht wollen Sie ja einfach nur lesen. – Das geht natürlich auch! ☺

Wir wünschen Ihnen in jedem Fall viel Spaß bei der Lektüre!

Autorinnen und Redaktion

Joséphine aime les fleurs

Depuis plusieurs jours, elle dort mal. Des pensées[1] tournent[2], tournent dans sa tête. La nuit, on voit souvent tout en noir. Et puis, elle a plein de[3] choses à faire. Elle ne sait pas par où commencer. Alors, elle se lève, va dans la cuisine pour se préparer un thé, un thé avec quatre sucres. Ça va lui faire du bien. Il est cinq heures du matin.

Elle pense à ses enfants. Joséphine a trois filles. Elles portent toutes des prénoms de fleurs. Quoi de plus joli[4] qu'une fleur ?

Iris, l'aînée[5], trente-trois ans déjà ! Elle vit en Suisse. Très indépendante, (un peu égoïste peut-être ?), elle ne veut pas entendre parler[6] d'un homme, d'un mari éventuel. Non, pour Iris, c'est la carrière d'abord. Avec elle, les contacts sont rares. Un mail ou un coup de téléphone de temps en temps, souvent le dimanche.

Rose, trente ans, est la deuxième de ses filles. Mariée, elle est souvent seule depuis que son mari travaille à l'étranger. C'est difficile pour elle, ses deux enfants sont encore petits. Elle ne travaille pas pour le moment. Calme, un peu introvertie, elle est aussi très sensible.

---

1 *pensée (f)* = Gedanke
2 *tourner* = sich drehen
3 *plein de* = viele
4 *Quoi de plus joli que... ?* = Was gibt es Hübscheres als ...?
5 *l'aîné/e (m/f)* = der/die Älteste (Erstgeborene)
6 *entendre parler de* = hören von

Rose, c'est une des pensées qui tournent, tournent dans la tête de Joséphine : *« Elle n'est peut-être pas heureuse ? ».*

Et Capucine, la petite dernière, « le bébé » comme l'appelle sa mère, est vive, dynamique, toujours de bonne humeur[1] et pleine d'idées (plus ou moins réalistes). Elle ressemble[2] beaucoup à son père, mort peu après sa naissance.

Quel beau bouquet de fleurs, ses filles !

« Allez, Joséphine, ne reste pas en pyjama, t'as[3] plein d'choses à faire ! »

1 *de bonne humeur* = gut gelaunt
2 *ressembler* = ähneln
3 *t'as* = tu as

1 Welche Informationen über die Personen finden Sie im Text?

	prénom	âge	situation de famille	caractère
1				
2				
3				
4				

2 Kreuzen Sie die passende Aussage an.

1 Joséphine a
- trois filles.
- deux filles et un fils.

2 L'aînée s'appelle
- Capucine.
- Iris.

3 Iris est
- mariée.
- célibataire.

4 Rose
- n'a pas d'enfants.
- a deux enfants.

5 Joséphine est
- divorcée.
- veuve.

3 Finden Sie im Text das Gegenteil folgender Ausdrücke:

1 Elle voit tout en rose. ≠

___

2 Il est cinq heures du soir. ≠

___

3 Ses enfants sont déjà grands. ≠

___

4 C'est facile. ≠

___

5 Elle n'a rien à faire. ≠

___

4 *« Allez, Joséphine, ne reste pas en pyjama, t'as plein de choses à faire ! »* Was hat Joséphine zu erledigen? Machen Sie Vorschläge.

1 ___

2 ___

3 ___

4 ___

www. **5** Gehen Sie ins Internet und geben Sie z. B. *« prénoms préférés des Français »* ein. Notieren Sie jeweils die drei beliebtesten Vornamen.

pour une fille	pour un garçon
1 ___	1 ___
2 ___	2 ___
3 ___	3 ___

Joséphine

Elle va partir au Maroc avec son ami Michel. Joséphine ouvre son passeport pour vérifier[1] la date. Ouf ! Encore quatre mois. Tout va bien. Enfin… presque… parce que Joséphine déteste prendre l'avion. Ce voyage en avion, une autre pensée qui tourne dans la tête de Joséphine.

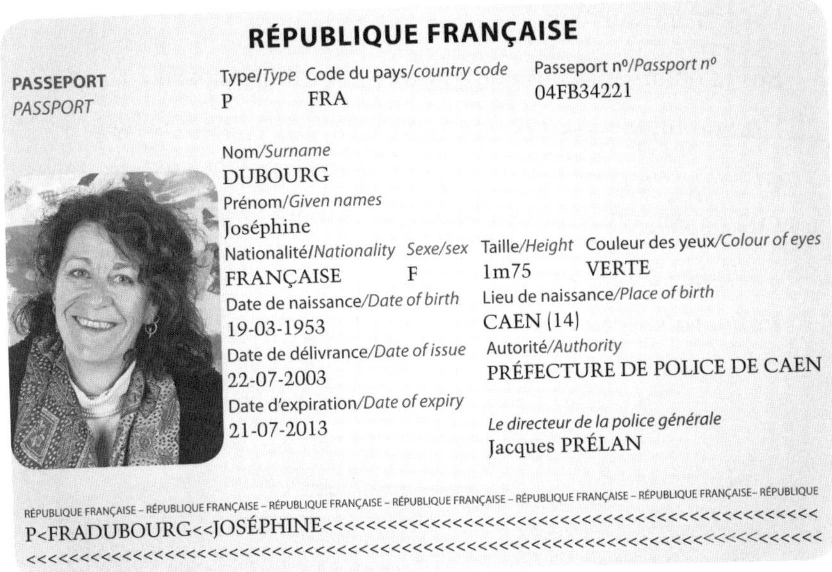

RÉPUBLIQUE FRANÇAISE

PASSEPORT
PASSPORT

Type/*Type*: P
Code du pays/*country code*: FRA
Passeport n°/*Passport n°*: 04FB34221

Nom/*Surname*: DUBOURG
Prénom/*Given names*: Joséphine
Nationalité/*Nationality*: FRANÇAISE
Sexe/*sex*: F
Taille/*Height*: 1m75
Couleur des yeux/*Colour of eyes*: VERTE
Date de naissance/*Date of birth*: 19-03-1953
Lieu de naissance/*Place of birth*: CAEN (14)
Date de délivrance/*Date of issue*: 22-07-2003
Autorité/*Authority*: PRÉFECTURE DE POLICE DE CAEN
Date d'expiration/*Date of expiry*: 21-07-2013

Le directeur de la police générale
Jacques PRÉLAN

RÉPUBLIQUE FRANÇAISE – RÉPUBLIQUE FRANÇAISE – RÉPUBLIQUE FRANÇAISE – RÉPUBLIQUE FRANÇAISE – RÉPUBLIQUE FRANÇAISE – RÉPUBLIQUE FRANÇAISE– RÉPUBLIQUE

P<FRADUBOURG<<JOSÉPHINE<<<<<<<<<<<<<<<<<<<<<<<<<<<<<<<<<<<<<<<<<<<<<<<<<<

<<<<<<<<<<<<<<<<<<<<<<<<<<<<<<<<<<<<<<<<<<<<<<<<<<<<<<<<<<<<<<<<

JO SÉ PHI NE ! Elle n'aime pas ce prénom démodé « Joséphine ». Quelle idée ont eu ses parents ! Et pourtant, l'explication est simple : elle est née le 19 mars, le jour de la Saint Joseph et Joseph, c'est aussi le prénom de son oncle, pépé[2] Jojo comme l'appellent ses filles.

---

1 *vérifier* = überprüfen
2 *pépé (m)* = Opa

Ses amis disent « Fine ». Ce surnom[1] lui va très bien. Parce qu'elle est grande, mince. À cinquante-neuf ans, elle a l'allure[2] d'une jeune fille. Et dans son cœur aussi, elle a cette finesse, cette délicatesse.

Elle aime regarder la photo sur le piano. C'est en 1970, sur l'île de Wight, au festival de pop music avec son amie Nicole (Voilà un prénom correct !). Juste après le bac[3]. Un si beau souvenir !

Sur la photo, elle fait une grimace et Philippe sourit. Un vrai hippie avec ses cheveux longs, sa barbe, sa chemise à fleurs, son pantalon pattes d'ef[4] et ses sandales en cuir, sans oublier sa guitare qui est encore au salon.

« Wight : ah… comme j'aimerais y retourner ! »

---

1 *surnom (m)* = Spitzname
2 *allure (f)* = Aussehen
3 *bac (m)* = Abi
4 *pantalon (m) pattes d'ef* = Schlaghose

1 Sehen Sie sich den Pass von Joséphine an und antworten Sie in Stichworten.

1 Joséphine est née en quelle année ? ____________

2 Elle est née où ? ____________

3 Est-ce qu'elle a les yeux bleus ? ____________

4 Qui (quelle autorité) délivre les passeports en France ? ____________

2 Füllen Sie Ihren persönlichen Pass aus.

RÉPUBLIQUE FRANÇAISE

PASSEPORT
PASSPORT

Type/*Type* Code du pays/*country code* Passeport nº/*Passport nº*
P ____________ ____________

Nom/*Surname*
____

Prénom/*Given names*
____

Nationalité/*Nationality* Sexe/*sex* Taille/*Height* Couleur des yeux/*Colour of eyes*
____________ ______ ______ ____________

Date de naissance/*Date of birth* Lieu de naissance/*Place of birth*
____________ ____________

Date de délivrance/*Date of issue* Autorité/*Authority*
____________ ____________

Date d'expiration/*Date of expiry*
____________ *Le directeur de la police générale*
____

RÉPUBLIQUE FRANÇAISE – RÉPUBLIQUE FRANÇAISE – RÉPUBLIQUE FRANÇAISE – RÉPUBLIQUE FRANÇAISE – RÉPUBLIQUE FRANÇAISE – RÉPUBLIQUE FRANÇAISE– RÉPUBLIQUE

P<FRA____________<<____________<<<<<<<<<<<<<<<<<<<<<<<<<<<<<<<<<<<<<<<<<<<<<<<<<<

<<<<<<<<<<<<<<<<<<<<<<<<<<<<<<<<<<<<<<<<<<<<<<<<<<<<<<<<<<<<<<<<<<<<<<<<<<<<<<

3 Finden Sie folgende Ausdrücke im Text:

1 ein altmodischer Vorname ____________

2 Sie ist am 19. März geboren. ____________

3 Dieser Spitzname steht ihr sehr gut. ____________

4 das Foto auf dem Klavier ____________

5 nach dem Abi ____________

4 Lesen Sie einige Internet-Beiträge zur Frage « *Aimez-vous les photos souvenirs ?* »

Bonjour, Moi j'adore les photos. Elles sont la mémoire de notre vie. ☺

Salut ! Moi, je déteste les vieilles photos. C'est triste.
Le temps passe trop vite.

Je suis complètement d'accord. Le passé, c'est le passé.
Pensons à aujourd'hui. Bonne nuit ! 😐

Moi, je n'aime pas regarder, mais j'aime faire des photos.
Mes motifs ? La famille, les paysages, les amis…

Et vous ? Geben Sie kurz Ihre Meinung wieder.

Bringen Sie eins Ihrer Lieblingsfotos in die nächste Stunde mit und stellen Sie es vor.

Iris et Crésus

C'est dimanche. Elle regarde par la fenêtre. Quel temps déprimant aujourd'hui ! Il pleut, il pleut. Le ciel est tout noir. Les passants sous les parapluies[1] marchent vite. Zurich est bien triste sous la pluie. Le soleil va mieux[2] aux villes, c'est sûr. Et pourtant[3] elle doit sortir avec Crésus.

Ce n'est pas simple d'avoir un chien quand on travaille. Le matin, avant de partir au travail, elle va faire un tour[4] avec Crésus. Elle a de la chance, le jardin public est juste en face. La promenade du soir, un peu plus longue, c'est avant d'aller au lit.

Madame Blandin, sa voisine, une vieille dame de soixante-douze ans a les clés de l'appartement et une fois par jour, elle va voir si tout va bien. Parfois, quand il fait beau, elle se promène un petit moment avec Crésus.

Madame Blandin est comme une grand-mère pour Iris. De temps en temps, elle prépare une soupe ou un gratin pour le dîner et elles mangent ensemble. Irmgard (c'est le prénom de Madame Blandin) est veuve. Elle est allemande et n'a jamais eu d'enfants. Elle a encore de la famille en Allemagne, à Cologne. Elle y va, en général, quinze jours au printemps.

---

1 *parapluie (m)* = Regenschirm
2 *aller mieux à* qn/qc= jdm/etw. besser stehen
3 *pourtant* = dennoch, trotzdem
4 *faire un tour* = eine kleine Runde drehen

Neuf heures déjà, Crésus s'impatiente[1], il va et vient[2] dans l'appartement…

« Bon, viens Crésus, on y va ! Et après, je téléphone à maman. »

---

1 *s'impatienter* = ungeduldig werden
2 *aller et venir* = hin und her laufen

1 Kreuzen Sie die zutreffenden Behauptungen an.

1 ☐ Iris adore les animaux : elle a un chien et deux chats.

2 ☐ Elle habite dans une petite maison avec un jardin.

3 ☐ Iris travaille souvent à la maison.

4 ☐ Iris a de la chance : elle a une voisine charmante.

5 ☐ Le mari de madame Blandin est mort.

2 Notieren Sie drei Ausdrücke aus dem Text, die Sie interessant finden und lernen wollen.

1 ______________________________

2 ______________________________

3 ______________________________

3 Beantworten Sie die folgenden Fragen für sich persönlich.

Haben Sie ein Haustier? *Oui / Non ? Pourquoi ?*

____

____

____

____

Erzählen Sie von Ihren Nachbarn. *Nom ? Situation de famille ? etc.*

www. **4** Geben Sie im Internet *« animal de compagnie préféré des Français »* ein und finden Sie heraus, welches das beliebteste Haustier der Franzosen ist.

La promenade du dimanche

Iris n'est pas sortie longtemps ce matin. Elle n'a pas quitté l'allée centrale du jardin public. Elle n'a rencontré personne. Par ce temps de chien, les gens préfèrent rester à la maison, devant la télé ou l'ordinateur.

En général, le matin elle voit cette fille qui fait son jogging avec des écouteurs[1] sur les oreilles. Elle ressemble un peu à Capucine. *« Je ne fais pas assez de sport. Je vais m'inscrire à Dynamica. Marie y va deux fois par semaine : gymnastique pour le dos et step. Elle dit que c'est très sympa. »*

Le vieux monsieur qui tient son chien en laisse[2] et marche lentement comme un robot. Est-ce qu'il est seul ? Il est veuf, peut-être ? Il a l'air triste, absent. *« Je n'aime pas les dimanches, je n'ai jamais aimé les dimanches. C'est un jour mort. Je préfère ma semaine pleine de travail. Activité, mouvement, c'est ma vie. »*

Et cet homme, pas très grand, brun, sympathique qui lui dit toujours « Bonjour Mademoiselle » ou « Bonsoir Mademoiselle » avec un accent italien. Il appelle son chien, un setter, quand il s'amuse avec Crésus. « Vieni qua Chianti ! Vieni qua ! »

---

1 écouteurs *(mpl)* = Kopfhörer
2 *en laisse (f)* = an der Leine

« Il doit habiter dans le quartier. Qu'est-ce qu'il fait dans la vie ? Est-ce qu'il a une compagne ? Est-ce qu'il parle français ? Quel âge peut-il avoir ? Trente-cinq, quarante ans ? Il n'est pas là aujourd'hui, dommage[1]... »

« Stop, Iris ! Tu ne vas pas tomber amoureuse[2] ! »

1 *dommage* = schade
2 *tomber amoureux/-se* = sich verlieben

1 Richtig *(vrai),* falsch *(faux)* oder „weiß man nicht" *(on ne sait pas = ?)* ? Kreuzen Sie an.

	vrai	faux	?
1 Il pleut, mais Iris doit sortir.			
2 Elle rencontre plein de gens pendant sa promenade.			
3 Iris aime bien le dimanche : elle peut se reposer un peu.			
4 Le vieux monsieur est veuf.			
5 Le chien de l'Italien s'appelle Crésus.			

2 Finden Sie die folgenden Wendungen im Text:

1 ein Hundewetter

____

2 Die Menschen bleiben lieber zu Hause.

____

3 Er sieht traurig aus.

____

4 Er führt seinen Hund an der Leine.

____

5 sich verlieben

____

3 *Et vous ?*

Mögen Sie Sonntage? *Oui / Non ? Pourquoi ?*

Was ist Ihr liebster Wochentag? Und was machen Sie an diesem Tag?

Mon jour préféré, c'est

LUNDI
14
JANVIER

MARDI
15
JANVIER

MERCREDI
16
JANVIER

JEUDI
17
JANVIER

VENDREDI
18
JANVIER

SAMEDI
19
JANVIER

DIMANCHE
20
JANVIER

NOTES

Coup de téléphone du dimanche

Joséphine Allô ?

Iris Allô, maman ? C'est moi, Iris.

Joséphine Ah, bonjour ma chérie. Tu vas bien ?

Iris Oui, oui, ça va. Et toi, quoi de neuf[1] ?

Joséphine Ben… Tu sais que je pars bientôt en voyage avec Michel. Ça me stresse un peu. Moi et l'avion… C'est surtout pour faire plaisir[2] à Michel. Et puis, j'ai téléphoné à Rose. Richard est reparti au Tchad pour six mois. Elle est seule de nouveau. Elle ne va pas bien, je crois.

Iris Écoute, maman, Rose doit régler ses problèmes elle-même. Lise et Benjamin sont à l'école toute la journée. Elle peut retravailler, si elle veut.

Joséphine Oui, mais la difficulté, c'est les enfants le mercredi après-midi. Elle n'a personne pour les garder… Tu as de ses nouvelles ?

---

1 *Quoi de neuf ?* = Was gibt's Neues?
2 *faire plaisir à qn* = jdm einen Gefallen tun

Iris Non, Rose et moi, nous avons peu de contacts. Elle ne parle pas de ses problèmes avec moi.
À propos problèmes : Mme Blandin, tu sais, ma voisine, part une semaine en Allemagne. Je dois trouver une solution pour Crésus. Alors, j'ai pensé que… euh… tu pourrais[1] peut-être… euh… venir, la semaine où Mme Blandin n'est pas là. Ça serait[2] super.

Joséphine Écoute, je vais réfléchir[3]… Mais je te laisse[4], je vais au cinéma avec Michel. Je te rappelle bientôt. Promis. Je t'embrasse.

Iris Bisous maman, et à bientôt.

« ***Si en plus, je dois*** m'occuper[5] ***des animaux de la famille…*** »

---

1 *tu pourrais* = du könntest
2 *ça serait* = das wäre
3 *réfléchir* = nachdenken
4 *Je te laisse.* = (*etwa*) Ich muss jetzt aufhören.
5 *s'occuper de* = sich kümmern um

1 Richtig *(vrai)* oder falsch *(faux)*? Kreuzen Sie an.

	vrai	faux
1 Joséphine téléphone à sa fille.	☐	☐
2 Joséphine et Iris parlent des problèmes de Rose.	☐	☐
3 Iris et Rose s'entendent très bien.	☐	☐
4 Joséphine va peut-être venir garder Crésus.	☐	☐

2 Stress und andere Probleme: Unterstreichen Sie im Dialog alle „negativen" Wörter/Wendungen wie z.B. *ça me stresse*… und notieren Sie sie.

____

____

____

3 Finden Sie folgende Ausdrücke im Text und notieren Sie sie.

1 Was gibt's Neues? ______________________

2 Hast du was von ihr gehört? ______________________

3 Ich muss eine Lösung finden. ______________________

4 Ich denke darüber nach. ______________________

5 Versprochen. ______________________

4 *À vous.* Erzählen Sie.

Telefonieren Sie oft mit Ihrer Familie ?

Aimez-vous prendre l'avion ? Haben Sie schon einmal eine lange Flugreise erlebt ?

Rencontre

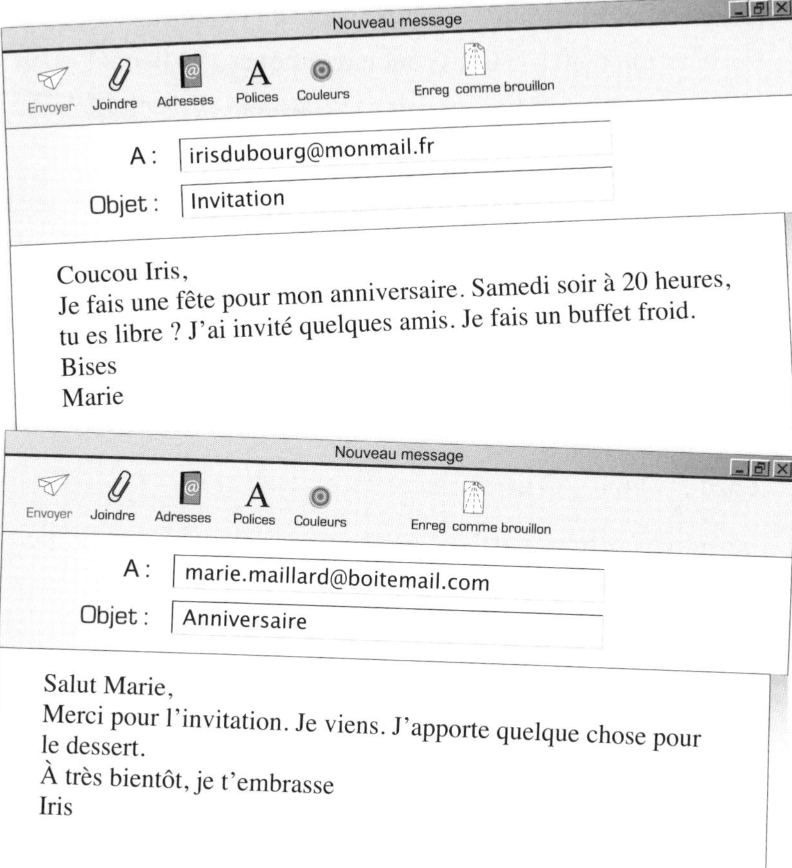

Nouveau message

Envoyer Joindre Adresses Polices Couleurs Enreg comme brouillon

A : irisdubourg@monmail.fr

Objet : Invitation

Coucou Iris,
Je fais une fête pour mon anniversaire. Samedi soir à 20 heures, tu es libre ? J'ai invité quelques amis. Je fais un buffet froid.
Bises
Marie

Nouveau message

Envoyer Joindre Adresses Polices Couleurs Enreg comme brouillon

A : marie.maillard@boitemail.com

Objet : Anniversaire

Salut Marie,
Merci pour l'invitation. Je viens. J'apporte quelque chose pour le dessert.
À très bientôt, je t'embrasse
Iris

Qu'est ce qu'elle va mettre[1] ? Son pantalon marron avec un chemisier blanc ? Non, c'est trop classique ! Sa robe rouge à fleurs jaunes ? Oh oui, bonne idée.

Iris quitte l'appartement et passe chez la fleuriste.

---

1 mettre = (*hier*) anziehen

Iris : Bonjour, Marie… et Bon anniversaire !

Marie : Ah Iris, je suis super contente de te voir ! Oh merci… Elles sont magnifiques, tes fleurs ! Entre… Viens, je vais te présenter… Je vous présente Iris… Iris, Aline, mon amie de *Dynamica*, Juliette, ma voisine du troisième étage et voici Enzo, un nouveau collègue.

Quel hasard[1] ! Iris et Enzo se sourient d'un regard complice[2].

Enzo : Enchanté, mais… on se connaît un peu déjà !

Marie : Ah bon ! Raconte !

Enzo : Euh… C'est un secret[3] !

La soirée est très agréable, le champagne bien frais, le buffet raffiné, la musique excellente. Iris et Enzo parlent, parlent et ne voient pas le temps passer. Minuit déjà !

Enzo : Tu es libre vendredi soir ? Je peux t'inviter au restaurant ?

Iris est sur un nuage[4]… Elle rentre chez elle, elle a envie de[5] chanter.

« Calme-toi, Iris. Tu ne vas pas recommencer ! »

---

1 *Quel hasard !* = So ein Zufall!
2 *se sourire d'un regard complice = (etwa)* sich augenzwinkernd zulächeln
3 *secret* = Geheimnis
4 *être sur un nuage* = auf einer Wolke schweben
5 *avoir envie de faire qc* = Lust haben, etw. zu tun

1 Richtig *(vrai)* oder falsch *(faux)*? Kreuzen Sie an.

	vrai	faux
1 C'est l'anniversaire d'Iris. Elle invite quelques amis.		
2 Iris porte un pantalon à pois.		
3 Iris et Enzo se connaissent déjà : ils sont collègues.		
4 La fête est très réussie.		
5 Iris et Enzo s'entendent tout de suite très bien.		

2 Finden Sie im Text die folgenden Ausdrücke:

1 Betreff ____________________

2 Alles Gute zum Geburtstag! ____________________

3 So ein Zufall! ____________________

4 Beruhige dich! ____________________

3 Was gehört für Sie unbedingt zu einer gelungenen Geburtstagsfeier? Erstellen Sie eine Liste.

____________________ ____________________

____________________ ____________________

____________________ ____________________

____________________ ____________________

4 Sie möchten einen Freund / eine Freundin einladen. Schreiben Sie eine E-Mail.

Rose ne voit pas la vie en rose[1]

Une nouvelle journée commence, pleine de routine et de riens[2]. Les enfants sont à l'école jusqu'à seize heures trente. Quel calme quand ils ne sont pas là !

Rose va au marché, passe à la bibliothèque pour chercher quelques livres, puis elle rentre à la maison. Elle fait un peu de ménage, range[3] les chambres, arrose les plantes, donne à manger au poisson.
« Comme ma vie est quotidienne[4] ! »

Elle allume son ordinateur, regarde ses mails. *« Tiens, un mail de pépé Jojo. Il est sur* Facebook *maintenant, c'est incroyable ! »* Et puis des pubs[5], rien pour le moment de Richard.

Rose a peu d'amis. Bien sûr, elle connaît sa voisine. Les deux jeunes femmes font de la marche nordique ensemble deux fois par semaine. Et puis, il y a aussi des contacts avec les parents d'élèves à l'école. Mais Rose regrette[6] son travail, ses collègues.

---

1 *voir qc en rose* = etw. durch die rosarote Brille sehen
2 *riens (mpl)* = Nichtigkeiten
3 *ranger* = aufräumen
4 *quotidien/-ne* = *(hier)* banal
5 *pub (f)* = Abkürzung von *publicité* : Werbung
6 *regretter* = vermissen

Elle aime écrire, elle aime les mots. Elle écrit des poèmes, de petits textes, mais seulement pour elle. Et chaque soir, elle fait son journal[1]. Dans un joli cahier bleu (un cadeau de Richard) elle note les anecdotes du jour, ses pensées. Mais depuis qu'il est reparti, elle ne note rien… Ses journées sont vides et ses pensées trop noires.

« Iris a raison, il faut que je retravaille. Et pour les enfants, le mercredi, je peux demander à maman. »

1 *journal (m) (intime)* = Tagebuch

1 Beantworten Sie die Fragen.

1 Que fait Rose aujourd'hui ? Notez six activités.

____

____

____

____

____

____

2 D'où vient le petit cahier bleu ?

____

3 Rose s'ennuie. Pourquoi ?

____

4 Qu'est-ce qu'elle va faire ?

____

2 Finden Sie diese Wendungen im Text. Fügen Sie eine Ihrer Wahl hinzu.

1 Sie geht nach Hause. ______________________

2 Sie gießt die Pflanzen. ______________________

3 Sie füttert den Fisch. ______________________

4 Sie vermisst ihre Kollegen. ______________________

5 Sie schreibt nichts auf. ______________________

6 Sie schreibt/führt ihr Tagebuch. ______________________

7 ______________________ ______________________

3 Schreiben Sie, wie Rose, Ihr Tagebuch für diese Woche.
Sie können Ihre Gedanken oder einige Ereignisse notieren.
(Erfinden natürlich erlaubt).

lundi ______________________________

____

mardi ______________________________

____

mercredi ______________________________

____

jeudi ______________________________

____

vendredi ______________________________

____

samedi ______________________________

____

dimanche ______________________________

4 *Et vous* ? Was machen Sie, wenn Sie sich langweilen?

____

____

____

____

____

Une page du journal de Rose

Rose prend son cahier bleu. Elle aime relire ses textes, se souvenir de tous les moments. Elle tourne les pages et…

25 décembre

Quelle soirée ! Je suis encore sous le choc !

Toute la famille est là. C'est la tradition. Iris aussi, pourtant elle est pas très « fêtes de famille ». Maman, comme d'habitude[1], a tout organisé : elle a décoré la maison, acheté de petits cadeaux, préparé le menu, etc. Tous les ans, elle expérimente une nouvelle recette. Et c'est toujours délicieux. Elle est vraiment formidable ! Mais, ce soir, j'ai pas le courage[2] de noter le menu. Pourtant la fête a bien commencé…

Minuit, le dessert et le champagne arrivent, Richard, mon cher mari, lève son verre et dit : « J'ai une grande nouvelle à vous annoncer. Rose ne le sait pas encore, mais je suis sûr qu'elle va comprendre.

1 *comme d'habitude* = wie gewöhnlich
2 *courage (m)* = Mut

Vous savez que j'ai des problèmes avec mes collègues au cabinet[1] et que j'ai envie de changer. Eh bien, voilà, c'est fait : je vais travailler pour Médecins sans Frontières. Je commence le mois prochain, pour une mission de six mois au Tchad. »

La nouvelle tombe comme une bombe[2]. Un grand silence. Je regarde Richard. Je ne comprends pas. Je voudrais demander des explications. Mais rien, rien ne sort de ma bouche. Une femme, deux enfants encore jeunes et Monsieur part six mois pour le Tchad ! Sans en parler avant à sa femme, à sa famille. C'est incroyable !

Eh oui, ma petite Rose, tu vis avec un parfait égoïste ! ☹

1 *cabinet (m)* = Praxis
2 *tomber comme une bombe* = wie eine Bombe einschlagen

1 Kreuzen Sie die richtige Aussage an.

1 Joséphine prépare
- ☐ sa recette traditionnelle.
- ☐ une nouvelle recette.

2 Au dessert il y a
- ☐ du champagne.
- ☐ du café.

3 La scène se passe
- ☐ le soir de Noël.
- ☐ le soir du Nouvel An.

4 Richard est
- ☐ architecte.
- ☐ médecin.

5 Richard
- ☐ aime bien ses collègues.
- ☐ n'aime pas beaucoup ses collègues.

2 Finden Sie im Text das Gegenteil der folgenden Ausdrücke:

1 le bruit ____________________

2 vieux ____________________

3 la matinée ____________________

4 le mois dernier ____________________

5 tout ____________________

6 le mari ____________________

3 Suchen Sie im Internet nach *« Wikipedia, médecins sans frontières »*. Überfliegen Sie den Text und suchen Sie die folgenden Informationen. Kreuzen Sie dann die passenden Angaben an.

1 *Médecins sans frontières* existe depuis

- 1971.
- 1981.
- 1991.

2 *Médecins sans frontières* est financée par

- des dons privés.
- des dons de l'État.

3 *Médecins sans frontières* est une organisation non gouvernementale

- française.
- internationale.

4 Le bureau de *Médecins sans frontières* se trouve

- en France.
- en Suisse.
- en Suède.

5 *Médecins sans frontières* a reçu le prix Nobel de la Paix en

- 1989.
- 1999.
- 2009.

Rien ne va plus pour Capucine

Encore ce téléphone ! Joséphine reconnaît le numéro. Ah, c'est Capucine. Qu'est-ce qu'elle va encore lui annoncer ?

Qui est Capucine ? Vingt-trois ans, spontanée et excessive souvent. Joséphine adore sa petite dernière, mais ne comprend pas toujours ses réactions, ses élans[1].

Pas très grande, Capucine a quelques kilos en trop (*« J'aime trop manger. »*, comme elle dit toujours). Et puis… Pourquoi vouloir ressembler à un top modèle ? Capucine a les cheveux courts *(« C'est plus pratique. »)*, souvent rouges, parfois noirs ou blonds avec des mèches[2].

Elle n'a jamais aimé l'école, alors après le bac, elle n'a pas voulu continuer *(« J'ai besoin de concret, d'action. »)*. Elle a commencé par faire chanteuse des rues. Comme son père elle joue très bien de la guitare. Cette phase a duré un an.

Phase deux : Capucine a vendu des fromages (des fromages bio, bien entendu[3]) sur les marchés en Auvergne, le pays du fromage. Un travail agréable à la belle saison, mais trop dur en hiver.

---

1 *élan* = Anwandlung, Impuls
2 *mèche (f)* = Strähne
3 *bien entendu* = natürlich, selbstverständlich

Après un passage de trois mois chez IKEA (phase trois), Capucine a trouvé un job à la réception d'un hôtel. C'est là qu'elle a fait la connaissance de Maxime. Coup de foudre[1], grand amour. C'est l'homme de sa vie, elle l'a dit à Joséphine qui…

Joséphine décroche[2].

Capucine : Maman ?

Joséphine : Oui, bonjour ma chérie. Mais… tu pleures ? Qu'est-ce qui se passe ?

Capucine : Tu sais, maman… J'ai vu Maxime ce matin, main dans la main avec une fille, euh… genre Barbie… L'horreur ! Je ne veux plus le voir. C'est fini… Et mon boulot aussi, c'est fini. J'ai tout plaqué[3].

« Maman… Est-ce que je peux venir habiter chez toi pour quelques semaines ? »

---

1 *coup (m) de foudre* = Liebe auf den ersten Blick
2 *décrocher* = (den Hörer) abheben
3 *plaquer (familier)* = hinschmeißen

1 Wer ist Capucine? Ergänzen Sie die Angaben zu ihrer Person.

Âge : ______________________

Profession(s) : ______________________

Physique : ______________________

Caractère : ______________________

Dernier emploi : ______________________

Situation actuelle : ______________________

2 Fünf Fehler haben sich eingeschlichen. Verbessern Sie sie.

Capucine est l'aînée des filles de Joséphine. Souvent excessive, très spontanée, elle n'a pas toujours bon caractère. Comme toutes les filles de son âge, Capucine fait très attention à son physique. Après le bac, elle a fait des petits boulots : elle a joué de la musique dans les rues (elle joue très bien de l'accordéon), elle a vendu des fromages, travaillé chez IKEA, etc. Capucine est un peu instable et change souvent de travail. Actuellement, elle est serveuse dans un restaurant.

1 ______________________

2 ______________________

3 ______________________

4 ______________________

5 ______________________

3 Mögen Sie Capucine? Finden Sie sie sympathisch?

Oui ? Non ? Bof ? Pourquoi ?

4 *Et vous ?* Haben Sie auch schon kleine (Aushilfs-)Jobs gemacht? Erzählen Sie.

Chapitre 10

Un cadeau pour Joséphine

Michel connaît Joséphine depuis trois ans. Une rencontre qui a changé sa vie. Elle est toujours là pour l'aider, pour l'écouter, pour l'encourager[1] et puis, ils ont tant de goûts communs : le théâtre, le cinéma, la musique, la randonnée et surtout les voyages. Ils aiment découvrir de nouveaux paysages, se promener dans des villes inconnues…

Michel sait que Joséphine n'aime pas prendre l'avion, qu'elle préfère les voyages en train… Et pourtant, quand il a lu cette annonce, il n'a pas pu résister. Il a tout de suite réservé pour deux personnes : un séjour évasion à Marrakech, pour fêter l'anniversaire de leur rencontre. *« Trois ans déjà. Comme le temps passe vite avec Joséphine ! »*

« Bon, je passe à la pharmacie pour acheter du Rescue[2] pour Fine avant le cinéma. »

---

1 encourager = ermutigen
2 Rescue (m) = (Bachblüten) Notfalltropfen

L'hôtel *Les Palmiers*, 3 étoiles, propose charme marocain et confort.
Grande terrasse et piscine

Situé au centre de Marrakech, pas loin de la Place Jemaa el-Fna, le centre touristique est à 10 minutes à pied de la Médina, ville historique.

- 3 nuits avec petit déjeuner
- Dîner spectacle avec danses orientales (boissons non comprises)
- Visite du Palais Bahia
- Plan de la ville
- TVA[1] + taxes de séjour[2]

---

1 *TVA (f)* = Mehrwertsteuer
2 *taxe (f) de séjour* = Kurtaxe

1 Kreuzen Sie die richtigen Aussagen an und berichtigen Sie die anderen.

1 Michel et Joséphine se connaissent depuis quelques années déjà. ☐

2 Ils voyagent souvent ensemble. ☐

3 Michel offre un week-end au Maroc à Joséphine pour son anniversaire. ☐

4 L'hôtel « Perle du Sud » se trouve près de la mer. ☐

5 Joséphine n'aime pas prendre l'avion : elle a peur. ☐

2 Übersetzen Sie die folgenden Sätze. (Alle Wendungen stehen im Text.)

1 Ich konnte nicht widerstehen.

____

2 Wie die Zeit vergeht!

____

3 fünf Minuten vom Stadtzentrum entfernt

____

4 drei Nächte mit Frühstück

____

5 Ich gehe bei der Apotheke vorbei.

____

3 Nennen Sie einige Kriterien für …

einen Traumurlaub	einen *Albtraum*-Urlaub
____________________	____________________
____________________	____________________
____________________	____________________
____________________	____________________

4 Sie haben Urlaub im Ausland gemacht. Erzählen Sie.

La décision de Joséphine

Elle est prête. Assise sur le canapé, les pieds sur la table basse, Joséphine ferme les yeux et écoute de la musique. De nouveau, des pensées tournent, tournent dans sa tête : Rose et ses problèmes, Iris et son chien, Capucine et ses amours et ce voyage en avion qui lui fait peur.

En plus, dans quelques jours, elle va avoir soixante ans. Elle ne veut pas de fête de famille, pas de cadeaux, pas de gâteaux, pas de bougies, elle veut être seule ce jour-là, *« Je veux prendre de la distance, faire un break. J'en ai besoin*[1]. »

Elle sait que ses filles veulent organiser quelque chose et que Michel… *« Ah Michel, là aussi, je ne sais plus. Tout va trop vite. »* Elle se lève pour aller chercher du chocolat.

Ce matin, Joséphine a préparé son sac à dos avec calme. Elle a juste mis quelques affaires[2] pour ces jours d'évasion, destination Wight. Une idée folle ? Elle a acheté son billet de train hier, sur un coup de tête[3]. Elle n'a rien dit à personne.

---

1 *J'en ai besoin.* = Ich brauche das.
2 *quelques affaires (fpl)* = einige Sachen
3 *sur un coup de tête* = ohne zu überlegen, aus einer Laune heraus

Dix heures trente, Joséphine ferme la porte de l'appartement à clé et s'en va[1]. Elle a laissé son portable sur sa table de nuit.

« Allez, c'est parti[2] ! »

---

1 *s'en aller* = weggehen
2 *C'est parti* ! = Los geht's!

1 *Acrostiche* : Finden Sie im Text jeweils ein Wort, das mit den angegebenen Buchstaben beginnt. Notieren Sie dann die Übersetzung.

Décision	Entscheidung
I	
S	
T	
A	
N	
C	
E	

2 Wie heißt es im Text?

1 Sie ist fertig. ________________

2 Ich brauche das. ________________

3 eine verrückte Idee ________________

4 mit Ruhe ________________

5 eine (kleine) Auszeit nehmen ________________

3 *Et vous ?* Sie brauchen etwas Abstand, Zeit zum Nachdenken. Was machen Sie?

4 Suchen Sie im Internet Informationen über die Insel Wight (Geografie, Kultur, Tourismus usw.).

Chapitre 12

Alarme

Bonjour ! Vous êtes bien sur le répondeur de Joséphine. Je ne suis pas là pour le moment, mais laissez-moi votre message. Je vous rappelle dès mon retour. Merci.

Allô, maman ? C'est moi, Iris. Je suis à Paris pour deux jours. Je voudrais te présenter Enzo. Est-ce que tu es là demain ? Je te rappelle. Bisous.

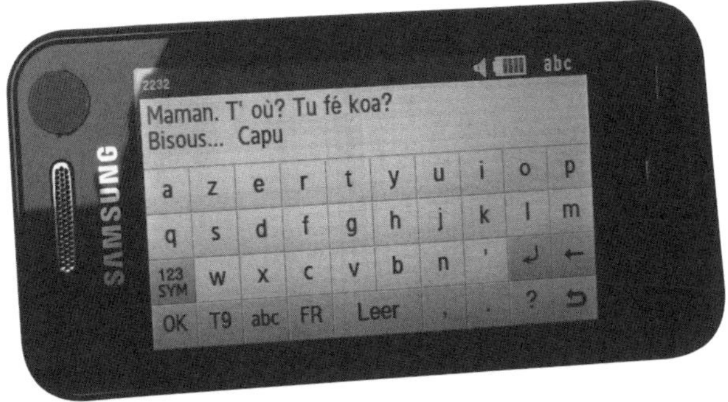

Michel : Allô ?

Rose : C'est moi, Rose, bonjour Michel. Maman est avec vous ?

Michel : Bonjour Rose. Non, elle a téléphoné hier pour annuler notre sortie au cinéma, une migraine. J'ai essayé de l'appeler ce matin, mais elle n'était pas chez elle. Je vais la rappeler tout de suite.

Rose : C'est bizarre ! Iris et Capucine n'ont pas de nouvelles non plus.

Michel : Je peux passer chez elle dans la soirée. Et je vous tiens au courant[1].

Rose : C'est gentil ! À bientôt, Michel, je vous embrasse !

Michel : Au revoir Rose.

Après son travail, Michel est allé chez Joséphine. Il a sonné trois fois, pas de réponse. Il a laissé un mot sous la porte. Il a retéléphoné à Rose. Elle non plus, n'a aucune nouvelle de Joséphine. Personne ne comprend rien. Où est passé Joséphine ?

« C'est vraiment pas le genre de maman de… Qu'est-ce qu'on fait ? »

---

1 *Je vous tiens au courant.* = Ich halte Sie auf dem Laufenden.

1 Richtig oder falsch? Kreuzen Sie an.

	vrai	faux
1 Iris ne laisse pas de message sur le répondeur de Joséphine.		
2 Capucine a envoyé un texto à sa mère.		
3 Joséphine est allée au cinéma avec Michel.		
4 Iris a téléphoné au commissariat.		
5 Michel a laissé un mot sous la porte.		

2 Wie lautet der Text Ihres eigenen Anrufbeantworters auf Französisch?

____

____

3 Lesen Sie die SMS-Sätze laut und finden Sie dann den entsprechenden korrekten Satz. (Kleiner Tipp: Ein Großbuchstabe wird gesprochen wie der jeweilige Buchstabe im Alphabet.)

1 G H T 1 Vlo IR	a Hélène a quitté son copain.
2 L Vi1 en tr1 ou à Vlo ?	b J'ai acheté un vélo hier.
3 LN A KiT son Kop1	c Elle vient en train ou à vélo ?
4 G bi1 dormi 7 nuI	d J'ai bien dormi cette nuit.

4 Was werden Michel und Josephines Töchter tun? Machen Sie drei Vorschläge.

→ ____

→ ____

→ ____

Lösungen

Chapitre 1

1

	prénom	âge	situation de famille	caractère
1	Joséphine	?	veuve	réfléchit beaucoup, voit souvent les choses en noir
2	Iris	trente-trois ans	célibataire	indépendante, un peu égoïste peut-être ; la carrière est importante pour elle
3	Rose	trente ans	mariée, deux enfants	calme, introvertie et sensible
4	Capucine	?	célibataire	vive et dynamique, toujours de bonne humeur, pleine d'idées

2 1 trois filles ; 2 Iris ; 3 célibataire ; 4 a deux enfants ; 5 veuve

3 1 Elle voit tout en noir. ; 2 Il est cinq heures du matin. ; 3 Ses enfants sont encore petits. ; 4 C'est difficile. ; 5 Elle a plein de choses à faire.

4 *(ouvert)*

5 Nach der Statistik für 2013: → **pour une fille** : Emma, Lola, Chloé ; **pour un garçon** : Nathan, Lucas, Léo

Chapitre 2

1 1 En 1953. ; 2 À Caen. ; 3 Non, elle a les yeux verts. ; 4 La Préfecture.

2 *(ouvert)*

3 1 un prénom démodé ; 2 Elle est née le 19 mars. ; 3 Ce surnom lui va très bien. ; 4 la photo sur le piano ; 5 après le bac

4 *(ouvert)*

Chapitre 3

1 4 ; 5

2 *(ouvert)*

3 *(ouvert)*

4 Die Statistiken zitieren meist *le chien* (den Hund).

Chapitre 4

1 1 vrai ; 2 faux ; 3 faux ; 4 ? ; 5 faux

2 1 un temps de chien ; 2 Les gens préfèrent rester à la maison. ; 3 Il a l'air triste. ; 4 Il tient son chien en laisse. ; 5 tomber amoureux/amoureuse

3 *(ouvert)*

Chapitre 5

1 1 faux ; 2 vrai ; 3 faux ; 4 vrai

2 Ça me stresse / Elle est seule / Elle ne va pas bien / ses problèmes / la difficulté / Elle n'a personne / peu de contacts

3 1 Quoi de neuf ? ; 2 Tu as de ses nouvelles ? ; 3 Je dois trouver une solution. ; 4 Je vais réfléchir. ; 5 Promis.

4 *(ouvert)*

Chapitre 6

1 1 faux ; 2 faux ; 3 faux ; 4 vrai ; 5 vrai

2 1 Objet ; 2 Bon anniversaire ! ; 3 Quel hasard ! ; 4 Calme-toi !

3 *(solutions possibles)*
des amis / de la musique / de la bonne humeur / un buffet délicieux / danser / des cadeaux

4 *(exemple)*
Objet : Invitation
Salut Paul,
Je fête mon anniversaire samedi prochain. Eh oui, 35 ans déjà ! Tu es libre ? Je t'attends vers 20h30. Au programme: des amis, de la musique et un buffet froid.
Je t'embrasse
Léa

Chapitre 7

1 1 Elle va au marché. / Elle passe à la bibliothèque. / Elle fait un peu de ménage. / Elle range les chambres. / Elle arrose les plantes. / Elle donne à manger au poisson. / Elle allume son ordinateur. / Elle regarde ses mails.

2 C'est un cadeau de Richard (son mari).

3 Parce que sa vie est quotidienne. / Parce qu'elle a peu d'amis. / Parce qu'elle regrette son travail.

4 Elle va retravailler.

2 1 Elle rentre à la maison. ; 2 Elle arrose les plantes. ; 3 Elle donne à manger au poisson. ; 4 Elle regrette ses collègues. ; 5 Elle ne note rien. ; 6 Elle fait son journal. ; 7 *(ouvert)*

3 *(ouvert)*

4 *(ouvert)*

Chapitre 8

1 1 une nouvelle recette ; 2 du champagne ; 3 le soir de Noël ; 4 médecin ; 5 n'aime pas beaucoup ses collègues

2 1 le silence ; 2 jeune ; 3 la soirée ; 4 le mois prochain ; 5 rien ; 6 la femme

3 1 1971 ; 2 des dons privés ; 3 internationale ; 4 en Suisse ; 5 1999

Chapitre 9

1 **Âge** : vingt-trois ans
Professions : chanteuse des rues, vendeuse de fromage, vendeuse chez IKEA, employée d'hôtel
Physique : pas très grande, quelques kilos en trop, cheveux courts (souvent rouges, parfois noirs ou blonds avec des mèches)
Caractère : spontanée, excessive
Dernier emploi : employée dans un hôtel
Situation actuelle : sans travail

2 1 ~~l'aînée~~ → la plus jeune (la cadette) ; 2 ~~pas toujours bon caractère~~ → toujours de bonne humeur (cf. chapitre 1) ; 3 ~~fait très attention à son physique~~ → ne veut pas ressembler à un top modèle ; 4 ~~de l'accordéon~~ → de la guitare ; 5 ~~serveuse dans un restaurant~~ → sans travail

3 *(ouvert)*

4 *(ouvert)*

Chapitre 10

1 1 vrai ; 2 vrai ; 3 faux (pour l'anniversaire de leur rencontre) ; 4 faux (au centre de Marrakech) ; 5 vrai

2 1 Je n'ai pas pu résister. ; 2 Comme le temps passe (vite) ! ; 3 à cinq minutes du centre (ville) ; 4 trois nuits avec petit déjeuner ; 5 Je passe à la pharmacie.

3 *(solutions possibles)*
Traumurlaub : du soleil, de la bonne humeur, un hôtel confortable avec piscine, bien manger, des amis, la famille, une nature magnifique…
Albtraum : de la pluie, des gens de mauvaise humeur, de la mauvaise nourriture, des problèmes avec la voiture, trop de touristes, un accident, trop de bruit…

4 *(ouvert)*

Chapitre 11

1 **D** → décision *(Entscheidung)* / dans *(in)* / distance *(Abstand)* / dos *(Rücken)* / destination *(Ziel)* / dit *(gesagt)* / dix *(zehn)*
I → idée *(Idee)*
S → sur *(auf)* / soixante *(sechzig)* / seule *(allein)* / sait, sais *(weiß)* / sac à dos *(Rucksack)*
T → table *(Tisch)* / tournent *(drehen sich)* / tête *(Kopf)* / tout *(alles)* / trop *(zu viel)* / train *(Zug)* / trente *(dreißig)*
A → assise *(sitzend)* / amours *(Liebesgeschichten)* / avion *(Flugzeug)* / ans *(Jahre)* / aussi *(auch)* / aller chercher *(holen)* / avec *(mit)* / affaires *(Sachen)* / appartement *(Wohnung)*
N → nouveau *(neu)* / nuit *(Nacht)*
C → canapé *(Couch)* / chien *(Hund)* / cadeau *(Geschenk)* / chose *(Sache)* / chercher *(suchen)* / chocolat *(Schokolade)* / calme *(Ruhe)* / coup de tête *(Laune)* / clé *(Schlüssel)*
E → est *(ist)* / et *(und)* / en *(in, mit)* / elle *(sie)*

2 1 Elle est prête. ; 2 J'en ai besoin. ; 3 une idée folle ; 3 avec calme ; 4 faire un break

3 *(ouvert)*

4 *(solutions possibles)*
Une île au sud de l'Angleterre, située dans la Manche
La plus grande île d'Angleterre
Activité touristique importante
De nombreux festivals de musique pop ont eu lieu sur cette île : le plus important en 1970

Chapitre 12

1 1 faux ; 2 vrai ; 3 faux ; 4 faux ; 5 vrai

2 *(ouvert)*

3 1 b ; 2 c ; 3 a ; 4 d

4 *(solutions possibles)*
attendre / téléphoner à la police / téléphoner aux amis de Joséphine / téléphoner toutes les heures / passer de nouveau chez Joséphine